BIBLIOTHÈQUE
DE LA MAITRESSE DE MAISON

LE LIVRE
DE
LA DENTELLIÈRE

6209

——→→⇒⊃·(·⊂⇐←←——

PARIS
CH. PLOCHE, LIBRAIRE-ÉDITEUR
5, place de la Bourse, 5.

N

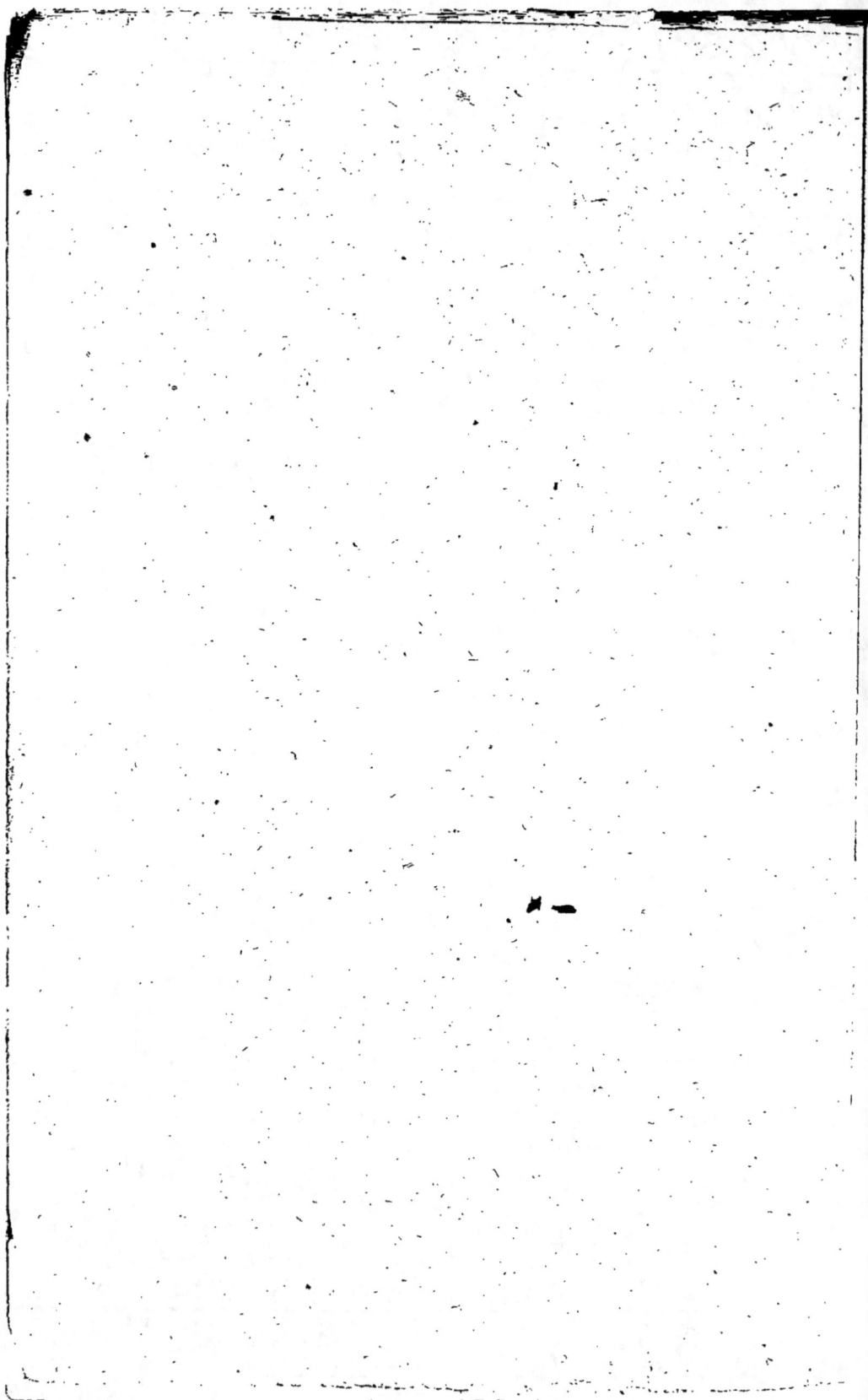

LE LIVRE

DE

LA DENTELLE.

PARIS IMP. DE SCHILLER AINÉ, 11, RUE DU FAUB.-MONTMARTRE.

LE LIVRE

DE

LA DENTELLE

OU

MANUEL DE LA DENTELIÈRE,

CONTENANT L'HISTOIRE DE LA DENTELLE DEPUIS
LE SEIZIÈME SIÈCLE JUSQU'A NOS JOURS,
LES DIFFÉRENTS POINTS, ETC.

Par

EUGÈNE WOESTYN.

❧

PARIS

CH. PLOCHE, LIBRAIRE-ÉDITEUR,
5, place de la Bourse.

1852

CHAPITRE I.

HISTOIRE DE LA DENTELLE.

———

L'un s'efforce à gagner le cœur des grands seigneurs,
Pour posséder enfin une exquise richesse;
L'autre aspire aux états pour monter en altesse,
Et l'autre par la guerre allèche les honneurs.

Quant à moi seulement, pour chasser mes langueurs,
Je me sens satisfait de vivre en petitesse
Et de faire si bien qu'aux dames je délaisse
Un grand contentement en mes graves labeurs.

Prenez doncques au gré, Mesdames, je vous prie,
Ces pourtraicts ouvragés, lesquels je vous dédie,
Pour tromper vos ennuis et l'esprit employer.

En cette nouveauté pourrez beaucoup apprendre,
Et maîtresses enfin en cette œuvre vous rendre :
Le travail est plaisant, si grand est le loyer (1).

Ainsi débute par un sonnet galant, adressé aux
dames et damoiselles, le seigneur Frédéric de Vin-

———————

(1) *Loyer* pour *loisir*.

ciolo, vénitien, dans son livre intitulé : « *Les singu-liers et nouveaux pourtraicts du seigneur Frédéric de Vinciolo, vénitien, pour toutes sortes d'ouvrages de lingerie, dédié à la Royne; de rechef et pour la troisième fois augmentés, outre le réseau premier et le poinct couppé et lassis, de plusieurs beaux et différents pourtraicts de réseau, de point de côté, avec le nombre des mailles, chose non encore veue ni inventée.* — A Paris, par Jean Leclerc le jeune, rue Chartière, au chef Saint-Denis, près le collége de Coqueret, avec privilège du Roy, 1587. »

Ce livre du xvie siècle est le premier ouvrage qu'on connaisse sur l'art de la dentelle. Il se com-pose d'une centaine de planches, qui, toutes gros-sières qu'elles sont, suffisent pour montrer que cette industrie était déjà bien loin des limbes de l'enfan-tement. Outre des initiales plus ou moins splendi-dement illustrées, on y trouve des fleurs, mi-réelles, mi-fantastiques, qui s'épanouissent dans un fouillis de feuillages impossibles, ou étoilent un réseau d'arabesques qu'on croirait détachées des murs de l'Alcazar ou des voûtes de l'Alhambra. A côté de ces fleurs, toute la zoologie du blason : lions, dau-phins, licornes, chimères, centaures, etc. Parfois la broderie s'y montre encore plus ambitieuse et re-produit dans ses entrelacements des paysages, des portraits, des tableaux tout entiers; c'est ainsi qu'on y remarque un Calvaire, évidemment copié sur un des chefs-d'œuvre de l'époque.

Comme dans la peinture, la sculpture, l'archi-tecture et la littérature d'alors, la Renaissance est tout entière dans ces humbles images; rose grec-que entée sur l'églantier gothique, elle y promène sa magnifique frondaison d'une page à l'autre.

Sans doute le burin naïf et grossier des tailleurs d'images de ce temps pâlit devant les chefs-d'œuvre des Andrew, des Best et des Leloir; mais qu'on n'attribue pas à l'original les défauts de la copie, autrement on serait forcé d'accepter pour portrait d'Henri III la grotesque illustration qui se trouve à la tête du volume.

L'ouvrage eut d'ailleurs un grand débit, si l'on en juge par les éditions successives qu'en firent les Leclerc, ces Didot du xvie siècle. La dernière parut en 1625, chez la veuve Jean Leclerc, rue St-Jean-de-Latran, *à la Salamandre royalle*, avec ce nouveau titre : « *Les excellents eschantillons, patrons et modelles du seigneur Frédéric de Vinciolo, vénitien, pour apprendre à faire toutes sortes d'ouvrages de lingerie, de poinct couppé, grands et petits passements à jour, et dentelles exquises.* »

Dans son Avertissement au lecteur, Frédéric de Vinciolo s'exprime ainsi :

« Il m'a semblé qu'encore je n'aurai rien fait, si
» d'abondant je ne te faisais part d'une autre bande
» d'ouvrages, laquelle je t'avais promise dès la pre-
» mière impression de ce livre.

» A ceste cause, pour ne te manquer de promesse,
» j'ai bien voulu inventer et mettre devant tes yeux
» plusieurs nouveaux et différents pourtraicts au
» fuzeau. »

Remarquez, je vous prie, le *j'ai bien voulu inventer !* Quelle distance de cette formule cavalière au sonnet plus haut cité ! et comme on sent bien que la plume qui l'a écrite s'est trempée dans l'encre du succès !

Que, si l'on n'en était pas convaincu, il nous suffirait de citer ce quatrain, qui suit l'avis au lecteur, pour triompher des plus robustes incrédulités :

Le temple des vertus, le paradis des grâces,
Le trône des beautés se contemplent ici.
Jamais siècle n'a vu, dans les royales races,
Un semblable chef-d'œuvre à celui que voici !

Nos personnalités d'aujourd'hui, si pleines d'elles-mêmes, si orgueilleuses de leur *moi*, si vaines de leur mérite, si ballonnées de leur importance, et qui se croient si hautes, qu'elles poussent la condescendance jusqu'à marcher dans la rue, le menton reposant sur l'estomac, de peur de décrocher des nues ce pauvre vieux soleil, qu'elles remplaceraient d'ailleurs parfaitement, toute lumière et toute chaleur émanant d'elles, n'ont rien produit de plus naïf et de plus cru en fait d'orgueil et de contentement de soi-même; et il nous faut, après Salomon et Quintilien, répéter :

Rien de nouveau sous le ciel !

Rien !... pas même l'amour-propre des gens de lettres !

C'est donc au XVIᵉ siècle que la dentelle apparaît dans le monde, ou plutôt qu'elle y prend droit de bourgeoisie; car, au dire des vieux chroniqueurs, Constance, femme de Charlemagne, et Farstrade, épouse du roi Robert, travaillaient à la dentelle pendant les longs loisirs du gynecée, et *adornaient* de leurs ouvrages les églises et les autels; mais de ces travaux isolés il ne nous reste rien, ni règles, ni principes, ni traces quelconques.

Frédéric de Vinciolo, dans son enthousiasme pour son œuvre, fait remonter beaucoup plus haut l'origine de la dentelle. Voici ce que nous lisons dans sa dédicace à la reine :

« Madame la Royne,

» La déesse Pallas inventa les ouvrages de linge-
» rie, le poinct couppé, les grands et petits passe-
» ments à jour, toutes sortes de dentelles, tant pour
» se désennuyer que se parer par l'artifice de ses in-
« génieuses mains.

» Arachné s'y adonna, et, bien qu'inférieure, se
» voulut comparer à elle et en venir à l'expérience ;
» mais sa présomption fut châtiée. »

Il ne nous est pas parfaitement démontré que le
seigneur Frédéric n'ait hasardé en cela une asser-
tion quelque peu erronée. Le docte Chompré, dans
son *Dictionnaire de la Fable,* parle d'un duel à la
tapisserie entre Minerve et Arachné ; mais le mot
de dentelle ne tombe pas de sa plume. Entre ces
deux autorités, nous hésitons ; et pourtant notre
imagination se figure volontiers la superbe Junon
avec des volants de dentelle, la séduisante Hébé avec
un coquet battant-l'œil de point de Bruxelles, et
l'aventureux Phaëton en jabot et en manchettes,
tout comme des marquises et des chevaliers du xviii^e
siècle. Mais notre imagination ne prétend point
faire loi ; cherchons donc ailleurs nos renseigne-
ments.

Méry, qui connaît tout et sait tout, bien mieux
que feu le Solitaire de M. d'Arlincourt ; Méry, qui,
sur la route de Paris à Marseille, a exploré et révélé
l'Inde et la Chine ; Méry, disons-nous, s'est occupé
de la dentelle et a consacré des vers charmants,
dont les lecteurs du *Magasin des Familles* doivent se
souvenir, à ces merveilleux ouvrages de fées qui
sont aujourd'hui la plus splendide et la plus élégante parure des femmes.

Ces vers, les voici :

LES DENTELLES

A M. VIOLARD.

A Venise, à Milan, deux villes immortelles,
On voyait autrefois des bazars de dentelles,
Œuvres de cuivre et d'or, sortant des ateliers
Pour parer les chevaux avec leurs cavaliers.

Cette mode tomba devant l'artillerie ;
La dentelle changea de sexe et de patrie ;
Elle se fit Française et femme ; au même jour,
Elle quitta la Haine et sourit à l'Amour.

Cette conversion a fait le tour du globe ;
La dentelle partout s'associe à la robe.
Aujourd'hui. Rien n'est doux à l'œil, rien n'est joyeux
Au cœur comme un tissu de ces réseaux soyeux
Qui, sur un fin corsage ou sur un bras d'ivoire,
Promènent le dessin d'une arabesque noire,
Et font peu regretter la dentelle d'acier
Que payait à Milan un noble cuirassier.

Homme paradoxal, je vais plus loin, et j'ose
Soutenir que le luxe est une belle chose,
Qu'il est le pain du pauvre, et que l'or prisonnier
Tombé sur un comptoir, rebondit au grenier.

Ainsi, dans le jardin aux pelouses si belles,
Lorsque je vois rouler un torrent de dentelles,
Ces ornements exquis, ces chefs d'œuvre de l'art,
Que, dans la capitale, illustra Violard,
Je me dis : « Chaque femme, un jour de fantaisie,
En payant à prix d'or la dentelle choisie,
A fait vivre six mois, par cet amusement,
Dix pauvres travailleurs d'un village normand. »

Quand, devant le bazar à la vitre éclatante,
Une femme cédant à l'ange qui la tente,
S'arrête, et, souriant comme Ève, étend la main
Pour cueillir la dentelle à l'arbre du chemin.
Cette main fait pleuvoir sur la hutte normande
La rosée aux grains d'or que le travail demande,
Et, plus heureuse qu'Ève aux pommiers du jardin,
Elle change en vertu le caprice mondain.

Femmes, sachez-le bien, la mode est un grand fleuve
Qui coule sur la rive où le travail s'abreuve ;
La source est à Paris : plus vos goûts sont changeants,
Plus ils viennent en aide aux besoins indigents.

Changez toujours : la mode, en sa sagesse antique,
Bien mieux qu'un député comprend la politique;
Elle est femme, elle aussi ; malgré son air léger,
Elle sait le motif qui la pousse à changer,
Et ce motif est grave à l'époque présente!
Ecoutez donc la mode et sa voix séduisante :
Sachez bien qu'un tissu choisi par votre main
Aujourd'hui, quoique neuf, doit être vieux demain.

Augmentez chaque jour la grande clientèle
Qui se presse au bazar où se vend la dentelle.
Tout de suite usez-la; vous savez à présent
Quelle bonne action vous faites en l'usant.

Méry ne nous dit rien de l'époque où cet art a
pris naissance; quant à nos recherches personnel-
les, voici ce qu'elles nous ont fourni :

Vers 1588, Jean de Glen publia à Liége un livre
sur le sujet traité un an auparavant par Frédéric
de Vinciolo.

Quentin Metzys a représenté, dans un tableau de
l'église de Saint-Gomar, à Lière, Maximilien et Marie
de Bourgogne avec des vêtements sur lesquels ser-
pente et ruisselle une espèce de dentelle en fil d'or.

En 1580, Nicolas Dubruyn et Assuérus Van Lon-
derseel gravèrent, sur les dessins de Martin de Vos,
d'Anvers, dix estampes représentant les occupations
humaines aux divers âges de la vie. Or, dans la quatrième, consacrée à l'âge mûr, on voit, au nombre
des personnages, une jeune fille assise avec un carreau à tiroirs sur les genoux et travaillant de la
dentelle aux fuseaux. Cet exercice était donc déjà
commun, puisque le peintre l'a choisi pour carac-
tériser une des occupations de la vie. Ainsi, il est
bien constant qu'au seizième siècle, l'art de la dentelle se cultivait sur une grande échelle. Maintenant, où avait-il pris naissance?

Frédéric de Vinciolo dit, dans sa préface, qu'il a

rapporté d'Italie quelques rares et singuliers patrons et ouvrages de lingerie.

Méry, si l'on en juge par les vers que nous avons cités, incline vers la même opinion, et place aussi en Italie le berceau de cette industrie.

Nous avons vainement cherché dans les recueils spéciaux un détail précis. Comme un enfant trouvé, la dentelle n'a ni patrie, ni âge certain.

Si ce n'est pas dans les Pays-Bas qu'elle a pris naissance, comme tout nous porte à le croire, elle s'y est au moins singulièrement perfectionnée et développée. Notre opinion, du reste, n'est que le reflet du sentiment populaire à l'étranger. En effet, on y considère si bien les dentelles comme étant d'origine belge, que les Italiens les appellent :

Merletti di Fiandra;

et les Allemands :

Brabantsche spitsen.

Quoi qu'il en soit, de tous ces problèmes, dont nous ne pouvons donner qu'une incertaine solution, toujours est-il que l'industrie dentelière prit un rapide essor. Au commencement du dix-septième siècle, l'usage de ses produits était devenu si commun, que les hommes en mettaient jusque sur leurs bottes.

Sous Louis XIII, Louis XIV et Louis XV, la dentelle régna en souveraine dans la toilette des deux sexes, surtout la *guipure* et le *point de Venise.*

La folie de la dentelle acquit de telles proportions, que dans le célèbre édit de 1629, connu sous le nom de *Code Michaud,* on lit à l'article 133 :

« Défendons toute broderie de toile et fil et imi-
» tation de broderie, rebordement de filets en toile
» et découpure de rabats, collets, manchettes, sur
» quintins et autres linges, et tous points coupés,
» dentelles et passements et autres ouvrages de fil

» au fuseau pour hommes et pour femmes, en quel-
» que sorte et manière que ce puisse être. »

Venise, Gênes et les Flandres, grâce à leurs produits en ce genre, enlevaient chaque année des
sommes considérables à la France, ce qui explique
la disposition suivante du même édit :

« Défendons tout autre ornement sur les collets,
» manchettes et autres linges, fors que des passe-
» ments, points coupés et dentelles manufacturées
» dans ce royaume, non excédant au plus cher la
» valeur de trois livres l'aune, tout ensemble, bande
» et passement, et sans fraude ; à peine de confis-
» cation desdits collets et des chaînes, colliers, cha-
» peaux et manteaux qui se trouveront sur les per-
» sonnes contrevenantes à ces présentes, de quelque
» sorte et valeur qu'ils puissent être ; ensemble,
» des carrosses et des chevaux sur lesquels se trou-
» veront, et de mille livres d'amende.

» Défendons pareillement à tous marchands et
» autres, nos sujets, de quelque état et qualité
» qu'ils soient, d'avoir aucuns ouvrages en leurs
» boutiques et magasins dudit point coupé et den-
» telle manufacturée hors du royaume, et d'en faire
» venir du dehors, à peine de confiscation desdits
» ouvrages et de marchandises étant aux boutiques
» et magasins, balles, sommes, chariots et charret-
» tes où se trouvera desdits ouvrages défendus, en-
» semble desdits chariots, charrettes et chevaux, et
» cinq cents livres d'amende. »

Cette prohibition avait surtout pour but de déve-
lopper en France l'industrie dentelière.

Seize ans après l'édit, Colbert en encourageait
ouvertement la fabrication. Plus tard, le 5 août
1665, une ordonnance établit sur de vastes proportions une *Manufacture de points de France*, destinée
à rivaliser avec les fabriques étrangères. Pour fa-

voriser les développements de cette industrie nouvelle, on lui accorda des avantages considérables : ainsi, un privilége de dix ans et une gratification de 36,000 livres.

Le siége de la compagnie était à Paris, hôtel Beaufort. Les premiers associés furent : Pluimer, Talon, secrétaire du cabinet, Talon de Beaufort et Lebic. Les villes où cette industrie s'établit furent : Le Quesnoy, Sedan, Arras, Loudun, Aurillac, Château-Thierry et surtout Alençon.

Dans le but de protéger la manufacture naissante, on rappela, par de nouveaux édits, les mesures prohibitives de 1629.

Une ordonnance spéciale réglementa, en 1653, la fabrication de la dentelle en France. Elle était le partage exclusif des passementiers et merciers, soit que la dentelle fût de lin pur, de soie ou mêlée d'argent et d'or : c'est à cause de cela que la dentelle prit le nom de *passement* et d'*entrepassement*. L'article 21 des statuts des maîtres passementiers, du mois d'avril 1653, leur confère le privilége de fabriquer toute sorte de *passement au fuseau, aux épingles* ou *sur l'oreiller*, à la condition que la matière soit *du tout fine* ou *du tout fausse*.

La Flandre, la Normandie et l'Auvergne se mirent à exploiter cette mine industrielle, qui occupa bientôt nombre de bras à Lille, Valenciennes, le Hàvre, Dieppe, Caen, Honfleur, Fécamp, Pont-l'Evêque, Gisors et le Puy.

C'est à Colbert, grand ministre qui effaça, à force de génie, la honte de sa conduite envers Fouquet, que la France est redevable de l'industrie dentelière. Il avait compris qu'en notre pays, terre classique du goût et de l'élégance, elle était susceptible de développements et d'améliorations énormes; aussi s'en préoccupait-il tout spécialement.

Ainsi la vente de la dentelle avait ses réglements particuliers.

Les merciers-passementiers vendaient les dentelles enrichies d'or et d'argent, à l'exclusion de tous autres marchands ; mais les maîtresses lingères pouvaient trafiquer des dentelles de lin. Seulement, un arrêt du conseil du 21 août 1665 ordonna l'exécution de l'arrêt du parlement de Paris, qui porte qu'aucune fille ou femme ne pourra être reçue marchande lingère, si elle ne fait profession de la religion catholique, apostolique et romaine. On reconnaît dans cette alliance du profane et du sacré, la main de Mme de Maintenon et des pères Lachaise et Letellier.

Sans interdire le commerce des dentelles étrangères, on les frappa de droits énormes, afin de favoriser la production nationale : ces droits étaient annexés au bail des cinq grosses fermes.

Un arrêt du conseil du 8 avril 1681 relate les difficultés survenues à propos de la perception desdits droits.

Les dentelles devaient entrer en France par Péronne, où tous nos marchands étaient tenus de justifier de l'acquit de la taxe, sous peine d'une amende de 5,000 livres. Il fallait que les ballots fussent marqués aux deux bouts, d'abord sur cire d'Espagne, plus tard en plomb, plus tard encore à l'aide d'un pain à cacheter entre deux papiers.

Sous Louis XIV, Mlle de Fontanges, qui a légué son nom à une gracieuse coiffure de femme (il est bien entendu que nous ne parlons pas du ruban fripé dont quelques rentiers ornent leur odieux casque à mèche), Mlle de Fontanges, disons-nous, mit la dentelle si bien à la mode, qu'après l'érection des pavillons de Marly, en 1679, toutes les dames de la cour trouvèrent dans leurs appartements une toilette complète enrichie des dentelles les plus magnifiques.

Mêlée aux fleurs, aux diamants, aux pompons e
aux rubans, la dentelle illustra ces chefs-d'œuvr
capillaires que la savante main de Léonard étageai
sur la tête de nos grand'-mères. Il n'est pas un por
trait de Rigaut ou de Coypel, un pastel de Latoui
où l'on ne la retrouve, gracieux accessoire, char
mant détail.

La postérité l'a faite inséparable du souvenir d
Buffon, qui ne pouvait travailler si la splendid
malines n'étalait sur ses mains aristocratiques se
fleurs de neige, et si le point d'Alençon ne chiffon
nait gracieusement ses plis sur sa veste de satin.

Vers la fin du règne de Louis XV, l'engouemen
pour la dentelle atteignit de telles proportions
qu'on en attifa les meubles, comme les toilettes
duchesses, les lits de repos, les glaces, etc., etc.

L'austérité bourgeoise de Louis XVI avait déjà
quelque peu refroidi ce goût immodéré, lorsque la
Révolution fit totalement disparaître les merveil
leuses créations des humbles filles du Brabant et de
la Normandie. On les enfouit, ni plus ni moins qu
les bijoux et les doubles louis à l'effigie des monar
ques dont le dernier venait de marcher au martyre
Ce ne fut qu'au moment où Barras, dépouillant l
carmagnole, s'emmarquisait à nouveau, que la den
telle sortit de sa cachette, un peu fripée, un pe
jaunie, mais toujours belle.

Un fait à noter en passant, c'est qu'au milieu de
mauvais jours qui avaient précédé le Directoire
Robespierre seul avait conservé la poudre et la den
telle, *ces deux attributs de la tyrannie féodale,* pou
parler le stupide patois des énergumènes de cett
époque.

Mais à côté de Barras grandissait Napoléon, l'uni
forme allait détrôner les chapeaux à la Henri IV
et les officiers du Consulat, tout aussi braves d'ail
leurs, y mettaient moins de coquetterie que les mous

quetaires et les chevaux-légers de la guerre de Trente-Ans, qui ne marchaient à l'ennemi qu'en toilette de bal.

Ce second exil fut de courte durée d'ailleurs, car, l'Empire une fois fait, Napoléon voulut une cour, et l'on vit bientôt floconner la dentelle entre les revers et sous les parements des fracs impériaux.

La Restauration ayant hérité de la cour de Napoléon, ne modifia pas beaucoup le costume de réception. Mais, Louis-Philippe, élu de la bourgeoisie, ne voulut rien conserver des traditions de l'ancienne monarchie, et à partir de 1830, la dentelle fut exclusivement le partage des dames.

Pour donner une idée du développement que cette industrie avait pris dans les Pays-Bas, notons qu'en vertu de l'économie politique alors suivie, on publia à Bruxelles, le 20 décembre 1698, un édit prononçant la confiscation contre toute personne convaincue d'avoir débauché des dentelières et de les avoir attirées en France.

Ainsi qu'il résulte d'un rapport fait par Pontécoulant, en l'an X, l'industrie dentelière occupait, rien qu'à Bruxelles, 10,000 femmes. Aujourd'hui, le nombre des ouvrières en dentelles est plus grand encore.

Avant de clore ce rapide aperçu rétrospectif, il nous semble utile de noter les diverses transformations qu'a subies la dentelle.

Sous François Ier, les princes de l'Eglise et les femmes portaient une grossière dentelle de lin blanc à larges mailles, qui se recommandait plutôt par sa solidité que par la grâce du travail. Les bourgeoises et les paysannes se paraient d'une dentelle commune, nommée *gueuse* ou *bisette* à cause de la modicité de son prix et de la couleur rousse du fil qui la composait. La *bisette* disparut au dix-septième siècle.

La *mignonnette*, dentelle très-basse et très-fine, ressemblait aux produits actuels de la Flandre.

La *campane*, d'un réseau plus ouvert et plus fort que la mignonnette, ornait les cornettes et les manches.

La *guipure* étoilait de ses riches dessins la robe des dames de la cour et le costume des prélats.

Ces trois dentelles, et avec elles le *point de Venise* et le *point de Gênes*, étaient les dentelles à la mode au seizième siècle.

Comme la *bisette*, la *mignonnette* et la *campane* étaient de fil de lin, mais la guipure, bien différente de celle qu'on trouve aujourd'hui dans le commerce, se composait de cartisanne, de soie, de fils d'or et d'argent.

On nommait *cartisanne* un vélin souple et fin que recouvrait la soie mélangée de fils d'or et d'argent. Plus tard, on renonça à l'emploi de ce vélin qui, s'altérant à l'eau, compromettait le dessin et même la durée de la dentelle.

On faisait alors des guipures étroites dites *têtes de More.*

Les comptes de dépense de Gabrielle d'Estrées, conservés aux archives, ne mentionnent nulle part le *point de Bruxelles*, d'où nous concluons que cette magnifique dentelle n'était pas encore connue en France. Elle n'y parut que sous Louis XIII.

CHAPITRE II.

DE LA FABRICATION DE LA DENTELLE.

Nous empruntons ce chapitre à un très-remarquable travail de M. Charles Robin.

Nous allons aborder un sujet bien aride; et dans la description si compliquée, si minutieuse, que nous osons entreprendre, nous déclarons nettement que nous cherchons moins à plaire qu'à instruire. Essayer de donner une idée sommaire de la fabrication de la dentelle, est une tentative hardie, téméraire même, qui intéressera par sa nouveauté, par son utilité, et les femmes nous sauront gré de leur révéler tous les secrets de l'industrie de ces riches tissus qui rehaussent l'éclat de leurs charmes et y ajoutent tant de prestige.

On fait, en général, trois sortes de dentelles : les unes avec du fil de lin, qu'on appelle tout simplement *dentelles*; les autres avec de la soie blanche, et nommées *blondes*; la troisième avec des fils d'or, d'argent, ou de cuivre doré et argenté, espèce de réseau métallique qu'on emploie pour les décorations à cause de son éclat. Cette dernière espèce, appelée *dentelle d'or* ou *d'argent*, est bien moins chère que les deux autres. Quant aux blondes que l'on fabrique avec de la soie noire, on les nomme *dentelles noires*.

Pour la *dentelle* on se sert du plus beau fil de lin, et pour la *blonde*, au contraire, on emploie de la soie blanche de qualité inférieure, ce qui a long-temps empêché ce tissu de supporter le blanchis-sage. On ne pouvait récidiver sans lui faire perdre de sa beauté; mais on est enfin parvenu, au moyen de la vapeur, à rendre entièrement aux blondes et aux crêpes la régularité du réseau, la netteté de son dessin et leur brillant. Ce procédé, dû à Mme Vic-tor, est très économique. Il y en a un autre de Mme Lepaige, qui n'emploie aucune espèce de fumi-gation. On l'applique avec de tels succès, qu'une infinité d'objets restaurés par ce procédé sont ven-dus comme neufs.

Quelle que soit la matière employée dans la fa-brication de la dentelle, le mode de travail est le même. Il n'exige qu'un très petit nombre d'outils. C'est d'abord un métier presque toujours portatif, appelé *carreau*, qu'on place sur une table ou sur les genoux. Il est formé d'une planche ovale ou rec-tangulaire rembourrée et recouverte d'étoffe, de telle sorte que sur ce métier et les diverses parties qui le composent, on peut facilement piquer des épingles. Cette planche doit être relevée de trois pouces par le bout qui fait le derrière du carreau pour plus de commodité. Elle est entaillée au mi-lieu, de manière qu'elle puisse recevoir un cylin-dre dont l'axe passe dans un trou fait à chaque côté d'une boîte nommée *cave*, qui est adaptée au-dessous de la planche dans la partie qui sert à la relever. Ce cylindre est formé d'un noyau de bois recouvert de morceaux de drap superposés les uns sur les autres, ou plutôt rembourré de laine, de coton non filé, toutes choses qui puissent être faci-lement piquées avec une épingle, et contenues dans

une dernière enveloppe de toile ou d'étoffe quelconque fortement tendue. Une petite planchette,
mobile par une charnière, sert à fermer le reste de
l'ouverture plus grande que le cylindre par laquelle
on a fait passer celui-ci, et recouvre ainsi la boîte
ou cave destinée à recevoir la dentelle à mesure
qu'elle se fait. Dans la cave passent deux tiroirs en
arrière qui permettent de tirer aisément la dentelle (1). C'est ensuite un grand nombre de fuseaux,
dans lesquels on distingue trois parties : la *poignée*,
faite en] poire très-allongée et arrondie, que l'ouvrière prend entre ses doigts pour faire aller le fuseau ; la *casse*, au-dessus de la poignée, et qui a la
forme d'une petite bobine dont elle fait les fonc-
tions ; la *tête*, ressemblant aussi à une bobine, mais
tellement en petit, qu'on la prendrait pour une
rainure. Les *casseaux*, destinés à recouvrir le fil et
à l'empêcher de s'éventer, sont de petits morceaux
de corne, d'os ou d'ivoire, extrêmement minces,
ayant la hauteur et le tour de la casse des fuseaux.
Ces casseaux se coulent par les deux bouts. Récem-
ment on a imaginé de les mouler en corne en leur
donnant un peu plus de force ; ils sont alors en
forme de cylindre fendu longitudinalement. Comme
ils sont élastiques, on élargit la fente avec les doigts
quand on veut faire entrer la casse ; cette fente se
resserre ensuite spontanément, et le fil est parfaitement enveloppé. Enfin, il faut des ciseaux, des
bandes de vélin ou du papier ordinairement vert et
des épingles de laiton fermes, mais flexibles pour
céder à l'action des fuseaux. Avec ces seuls outils,

---

(1) On fait aussi des carreaux plats, c'est-à-dire sans
cylindre, et par conséquent non percés. On place le dessin à plat dessus. Ce carreau a le grave inconvénient de
forcer à remonter la dentelle en haut chaque fois qu'on
est arrivé en bas.

l'ouvrière exécute les dentelles les plus fines comme les plus compliquées. La qualité la plus essentielle qu'exige la fabrication de la dentelle est une grande dextérité dans les doigts, surtout pour l'opération qu'on regarde avec raison comme la plus difficile, c'est-à-dire l'art de piquer le papier vert ou de faire le point. On appelle *point*, en dentelle, une figure régulière quelconque dont les contours sont formés avec le fil (2). Ainsi pour former un triangle, un carré, un pentagone ou un hexagone, il faudra 3, 4, 5 ou 6 points d'appui, ce qui permet de donner aux fils autant de directions différentes qu'il y a de points. Il faut que les nœuds soient faits autour du point d'appui pour que le système général des fils ne se relâche pas et que le dessin soit conservé.

Une dentelle est donc un composé de différents *points*, tantôt entremêlés, tantôt se succédant. *Piquer* une dentelle, c'est discerner, en les regardant attentivement tous les points d'appui, des différents points ou figures, et y ficher des épingles qui passent à travers la dentelle, le papier vert ou vélin placé dessous, et qui entrent dans le coussin du milieu. Il en résulte que tous les trous de ces épingles forment sur le vélin les figures de tous les points et par conséquent le dessin de la dentelle.

La pratique de cet art se réduit à remplir un dessin donné sur le vélin seulement, à copier une dentelle, ou à en composer une d'idée. Pour remplir un dessin ou copier une dentelle, il faut déjà avoir la pratique la plus étendue de l'art; mais pour la composer d'idée, cela suppose de l'imagination, du dessin, du goût, la connaissance d'un grand nombre de *points* et la faculté de les utiliser.

La quantité de fuseaux à employer se calcule d'après les points d'appui de l'ouvrage. On doit

---

(2) *Encyclopédie des gens du monde.*

avoir tout prêts, selon la largeur de la dentelle et la nature des points qui la composent, un grand nombre de fuseaux chargés du fil le plus fin, le plus beau et le meilleur, et voici comment on s'en sert :

On prend une grosse épingle qu'on fiche sur le coussin, puis on fait tourner autour de l'épingle, de gauche à droite, deux ou trois tours avec le fil du fuseau; au quatrième tour on forme une boucle avec ce fil, on serre fortement la boucle; le fil se trouve ainsi attaché à l'épingle et le fuseau suspendu.

On dévide ensuite de dessus la *casse*, ou bobine de son fuseau, autant de fil qu'il en faut pour travailler, et on empêche qu'il ne s'en dévide davantage en faisant faire au fil deux ou trois tours sur la tête du fuseau, en dessous ou de gauche à droite, et en terminant ces tours par une boucle On charge la même épingle d'autant de fuseaux qu'elle peut en soutenir, puis on la transporte à la partie la plus élevée du vélin, à quelque distance du commencement du dessin. Après cette opération, on charge une seconde épingle qu'on plante sur la même ligne horizontale que la première, puis une troisième, une quatrième, etc., jusqu'à ce que tous les fuseaux soient employés. On place alors le patron couvert de la dentelle à imiter, derrière la rangée d'épingles qui suspend les fuseaux. Or, passant ceux-ci suivant l'indication du dessin, on croise les fils avec une épingle à chaque point d'appui, et l'on exécute ainsi son ouvrage.

Nous avons dit que la dentelle est formée de différents points, c'est-à-dire de trous ou réseaux ayant une forme déterminée, et de fleurs qui se dessinent en fil plus gros et plat sur ces réseaux. On sait que les uns s'obtiennent en croisant des fils fins et les autres en passant et repassant de gros fils parmi ces réseaux d'après un dessin donné. Il suffit de voir un morceau de dentelle pour apprendre cela ; mais si ces fils croisés, si ces fils plus gros encore n'étaient retenus les uns et les autres par des points d'appui, nous le répétons, il y aurait confusion. Chaque réseau, chaque fil plat doit donc trouver un point d'appui dans les épingles fixées selon un ordre régulier et constant dans les trous du dessin, rangés symétriquement sur des lignes diagonales comme le réseau, et dans les autres trous placés le long des fleurs, pour marquer la place où l'on doit en retenir les fils.

Les épingles qui attachent la dentelle sur le vélin doivent être fichées de place en place sur les deux bords, dont l'un est l'engrêlure ou la lisière et se nomme le *pied* ; l'autre, garni d'une suite de petites boucles attachées après un fil plat, est le picot et s'appelle la *couronne*. On fiche ensuite des épingles dans les réseaux de la dentelle à la partie où l'on commence et finit d'attacher, puis on prend une aiguille comme un poinçon, ou plutôt un poinçon même, et on pique dans tous les réseaux de la dentelle, en évitant de piquer au milieu des fleurs. L'opération est la même pour un dessin tout piqué que l'on fixe sur le vélin. Il importe de prendre garde, quand on avance la dentelle, à reprendre en recommençant de piquer parallèlement aux derniers trous. Comme on risque de se tromper, il faut tâcher d'environner le cylindre. Quand le dessin est piqué, on enlève le modèle et l'on suit avec de l'encre toutes les parties non piquées, en ayant soin de tracer les fleurs pareilles. D'après les trous du dessin on calcule le nombre de fuseaux à employer. Sur les uns on dévide du fil très-fin, sur les autres du fil plat, dit de Cologne ; pour les fleurs, on y fait un nœud coulant, et on attache ces fuseaux deux à deux. Pour le point d'Alençon, de Bruxelles, et pour la valenciennes on ne se sert pas de fil plat.

Si on travaille du point de Paris, il faut huit fuseaux pour chaque trou, seize s'il s'agit de la dentelle de Valenciennes, et quatre pour le point de Bruxelles et généralement tous les autres points. A mesure qu'on place des fuseaux, on commence à faire le réseau toujours sur la ligne diagonale sur laquelle est placé chaque trou, sans s'inquiéter de l'inégalité de ces premiers réseaux et sans se gêner pour faire des fleurs que l'on trouve sur son passage, ces premiers réseaux devant être coupés quand l'ouvrage est plus avancé.

La fin des trous à gauche est la lisière ou le pied de la dentelle ; le dernier trou doit porter quatre fuseaux. Quand, après avoir fait une ligne diagonale de réseaux, on est parvenu au dernier trou qui termine l'angle du réseau, on prend les deux fuseaux restants et on les croise, c'est-à-dire qu'on les passe les uns sur les autres, après avoir tordu une fois avec deux des fuseaux du dernier trou. Il faut les croiser deux fois alternativement, de manière que les fuseaux de droite passent à gauche, et réciproquement. Au milieu de ces deux fuseaux on place une épingle, ensuite les deux premiers fuseaux qui se sont croisés vont se croiser en arrière, et de nouveau avec les deux derniers fuseaux du dernier trou dans lequel on a placé l'épingle. Cela s'appelle un *demi-point*. Les deux premiers fuseaux se trouvent alors les deux derniers. On les laisse en arrière à gauche, et l'on croise ceux qui étaient les deux derniers, avec les deux autres qui se trouvent à droite de l'épingle. Cette épingle se trouve ainsi repliée : c'est ce qui forme le petit trou que l'on voit entre deux brides au pied des dentelles.

La couronne est plus facile ; elle se compose d'un fil plat, quatre fils fins, un autre fil plat et deux autres fils fins. Quand on est arrivé au dernier trou près du premier fil plat, à droite de la lisière, après avoir parcouru tout ou partie du dessin en faisant le réseau, on passe les deux fuseaux de ce dernier trou, d'abord sous le fil plat sans croiser, puis en croix sous les quatre fils fins, sans tordre comme pour faire de la toile. Passez aussi sous l'autre fil plat, serrez un peu, tordez les fuseaux à discrétion, passez-les entre les deux derniers, et formant une petite boucle autour de l'épingle, fichez cette épingle dans le dernier trou de la rangée de droite. Ensuite rangez le paquet de ces fuseaux derrière une grande épingle.

Après ces préliminaires, on travaille au milieu du dessin de la manière suivante : Quand en comçant on a placé les fuseaux au haut du dessin, et que les huit premiers sont séparés à gauche par deux épingles, on jette le 2 sur le 1, le 4 sur le 3, et en continuant ainsi, on fait ce qu'on appelle une *dresse à huit*. Si au lieu d'employer les fuseaux deux à deux, on les emploie un à un, on fait une dresse à deux. Nous croyons devoir faire remarquer que les chiffres 1, 2, 3, 4, que nous indiquons, représentent chacun deux fuseaux contigus dans la dresse à huit ; qu'à chaque déplacement les chiffres 1, 2, 3, 4, ne marquent pas les mêmes fuseaux ; mais qu'en quelque moment que ce puisse être, le chiffre 1 marque toujours le plus à gauche, 2 toujours celui qui le suit, 3 toujours celui qui suit le 2, etc., en allant de gauche à droite. Quand on travaille de droite à gauche, 1 marque toujours le plus à droite, 2 celui qui suit, en allant de droite à gauche, et ainsi de suite.

Lorsque toutes les dresses sont faites de même longueur, on les tire bien verticalement et bien parallèlement les unes aux autres, puis on fiche une épingle à l'angle que forment les fils à l'extrémité de chacune, laissant les fuseaux 1, 2 à droite; et les fuseaux 3, 4 à gauche de l'épingle, qui les tient séparés.

Il y a plusieurs manières d'arrêter les dresses : ou on fait un nœud ordinaire avec les fils des fuseaux

1, 2, et 3 et 4, ou on fait un *point jeté*, un point *commun* ou *de coutume*.

En faisant la dresse, si on la reprend en sens contraire de droite à gauche, quand on a été de gauche à droite, et qu'on observe de laisser deux fuseaux qui servent à enfermer les épingles, on exécute le point de *coutume* ou *commun* (1). Donnons maintenant quelques détails spéciaux sur l'art de fabriquer les principales dentelles.

Pour le *point de Bruxelles*, il faut quatre fuseaux à chacun des trous qui sont percés de biais et en carreau. Ces quatre fuseaux, comme l'indique madame Celnart (2), se trouvent ensemble à la jonction de deux rangées de fuseaux qui forment un angle droit; alors on passe sur le second fuseau de droite le premier de gauche (on désigne les fuseaux en comptant depuis la droite), et, laissant les deux autres fuseaux à droite, on tord trois fois ceux-ci à gauche; on soulève le second de droite entre les troisième et quatrième doigts de la main gauche, et l'on place une épingle de la main droite dans le trou qui séparait ces quatre fils que l'épingle fixe et relève. On fait la même opération au trou suivant, jusqu'à la fin de la rangée. Il est à remarquer que les mains ne se dérangent pas en faisant ce point: la main gauche tord toujours, et toujours la droite place les épingles.

Quand on est arrivé à la fin de la rangée, on fait la lisière, puis l'on *descend* : descendre, c'est tordre

---

(1) Le *Dictionnaire des Arts et Manufactures*, qui nous a fourni la description de ce point, n'en donne pas le nom. Ce doit être une espèce de *valenciennes*, puisque cette dentelle n'a d'épingles que sur les bords comme les dresses: qu'elle n'a point de fil plat aux fleurs, dont il n'est également fait aucune mention au *point de coutume*.

(2) *Manuel des Demoiselles*.

trois fois de la main gauche, l'un sur l'autre, les deux fuseaux qui tombent entre chaque épingle. Cela se fait en reculant de gauche à droite, jusqu'à une nouvelle jonction de rangée, dont l'angle redonne un trou entre quatre fils. On recommence alors à travailler de droite à gauche, en tordant les deux fuseaux à droite de l'angle avec les fuseaux tordus à la descente, de manière que le point soit formé par six tors.

Si l'on veut avoir un fond percé, on laisse les deux premiers fuseaux de gauche à droite, et l'on travaille avec les quatre suivants : il faudra faire un point, tordre les deux premiers des quatre, et non les deux autres, garder les deux derniers, prendre les deux suivants, les tordre tous quatre deux à deux, et faire un point, puis ficher une épingle entre les quatre derniers, un peu au-dessous des épingles précédentes. Tordre deux à deux, et faire un point ; prendre les quatre derniers des douze premiers, les tordre deux à deux, et faire un point ; prendre les quatre premiers des dix, les tordre deux à deux, et faire un point ; prendre les quatre derniers des huit, les tordre deux à deux, et faire un point ; prendre les quatre derniers des douze, et faire le point ; prendre les deux derniers et les deux suivants, les tordre deux à deux, et faire un point, puis les séparer par une épingle, et ainsi de suite. Quand on est parvenu aux quatre derniers, on ne les tord pas, on fait un point, puis la couronne et un point. Ce point se nomme *œil de perdrix*. On s'en sert pour remplir le milieu des fleurs.

Le fil plat des fleurs se met en travers des épingles et du cylindre, de manière que les deux fuseaux réunis retombent de droite et de gauche en arrière du carreau. Quand on a fixé ce fil plat au commencement de la fleur par deux ou trois points, on remet les fuseaux de fil plat avec les autres, on leur fait suivre les tours et retours que décrit la fleur, en faisant du réseau jusqu'à l'angle de la ligne qui suit diagonalement la fleur; puis, à la fin de la fleur, on croise les deux fils plats, et on les rejette en arrière jusqu'à ce que la dentelle soit assez avancée pour pouvoir les couper. Comme, après avoir mis un certain nombre d'épingles pendant environ deux pouces et demi de longueur, on ôte ces épingles par-derrière pour les remettre par-devant, à mesure qu'on fait de nouveaux réseaux, on retrouve ces fils plats non coupés derrière les épingles. Il y a des fleurs dont les tiges veulent quatre fuseaux croisés entre les deux fils plats comme au bord avant le piqué; il y en a d'autres, au contraire, qui n'ont qu'un fil ou deux placés l'un auprès de l'autre sans intervalle : c'est au dessin à indiquer] ces différences.

On fait souvent autour des feuilles, et dans le milieu de la dentelle, de petites mouches carrées appelées *points-d'esprit*. Ces points sont ordinairement assez embarrassants à travailler et encore plus à décrire.

Nous avons indiqué comment se fait le point de la lisière, ou pied de dentelle : on croise quatre fils de manière que les deux de gauche se trouvent à droite, et réciproquement. C'est ce point qui forme le *point de Paris*, ou *point double*. Cette espèce de dentelle exige quatre fuseaux entre chaque épingle, de manière qu'à l'angle où se rencontrent deux rangées de réseaux il y a huit fils, que l'on croise par le même procédé que pour le point jeté à quatre fils, ou l'engrêlure. L'engrêlure ou le pied de dentelle est toujours un demi-point de Paris. On ne fait qu'un tors, et l'on croise les fuseaux en les descendant. Ainsi, descendre c'est faire à demi les points qu'on achève en remontant. Il faut un dessin dont les trous soient beaucoup plus éloignés que pour le point de Bruxelles. Cette dentelle étant fort épaisse, on doit se servir de fil très-fin.

Nous n'insisterons pas sur tous les *points* étran-

gers, car, quelque méthodique, quelque développée que soit une description, elle n'apprendrait
rien. Ces points sont si difficiles, si compliqués, que
les plus habiles ouvrières ne peuvent savoir faire à
la fois le toilé et les fleurs, ou du moins elles ne
connaissent que le dessin d'une de ces dentelles.

La dentelle d'*Auvergne* ou *du Puy* n'est que le
point de Bruxelles très grossier. Au Puy on fait également une fort petite dentelle appelée *trou*; elle
n'est guère large que d'un demi-pouce, et le *trou*
qui lui donne son nom a quatre lignes environ (1).
Ce *trou*, qui vient immédiatement après le picot,
est formé par un gros fil plat que l'on fixe sur le
dessin, le long du trait qui le marque, avec des épingles placées dans une boucle comme au picot, ce
qui produit, en effet, un picot circulaire dans le
trou. On fait ensuite un ou deux réseaux, puis l'engrêlure. Le trou encore plus commun se fait sans
picot intérieur, et sans poser d'épingles aux réseaux
qui sont entre le trou et la lisière. C'est aussi de
cette façon que se font les petites *mignonettes* dont
on garnit depuis peu de temps les pèlerines et les
fichus. On fait le bord à dents avec un picot et des
fils croisés comme pour une mousseline; on tord,
on fiche une épingle seulement après la dent, que
l'on recommence bientôt après d'une semblable manière. Les fils forment une bride lâche entre chaque
dent. Quelle que soit d'ailleurs la forme de ces dents,
avec un dessin ou un morceau de mignonette pa-
reil, on l'imite aisément.

Quant au *point d'Alençon*, voici, d'après Rollant,
la manière de le fabriquer. Les dessins composés et
choisis sont gravés sur cuivre et empreints sur parchemin. Ces morceaux de parchemin sont numéro-

(1) *L'Art de faire la dentelle*, par madame Celnart.
(*Manuel des Demoiselles.*)

tés suivant le besoin, pour la liaison des diverses parties du dessin. On les pique plusieurs à la fois placés l'un sur l'autre, avec un poinçon formant de petits trous espacés d'une ligne sur tous les contours des fleurs. Ensuite on applique chaque morceau de parchemin sur un semblable morceau de grosse toile écrue que l'on met en double. On les unit tout autour par un fil de trace qu'on fixe sur une ligne faite pour en indiquer la place. On couvre ce fil à petits points qui l'embrassent, ainsi que le parchemin et la toile, en passant dessus et dessous, alternativement, à distances égales. Cette manière d'arrêter ensemble le parchemin et la toile, est précisément la même que celle dont on fait la trace, première opération du point. On prend deux fils plats que l'on maintient sous le pouce gauche, en les conduisant sur toute la suite du dessin, et on les fixe avec du fil rond enfilé dans une aiguille qu'on fait passer d'abord de dessous en dessus dans un des trous du piqué, et qu'on retire de dessus en dessous, après l'avoir fichée dans le même trou, en faisant embrasser les deux fils plats sous le point qu'on forme ainsi, et qui sert à les arrêter. La trace achevée, on fait le *fond*. C'est le nom qu'on donne au toilé qui remplit les fleurs. On se sert d'une longue aiguille et d'un fil très-fin qu'on fait tenir à la trace par quelques points bouclés très-serrés. L'ouvrage se tient de la main gauche, de manière que l'index soit dessous et le pouce au-dessus, avec le doigt médius. L'aiguille est tenue entre l'index et le médius de la main droite; le pouce, revêtu d'un doigtier de peau, reste libre pour la diriger. On commence les fleurs horizontalement, de gauche à droite; elles ne sont formées que de points noués bien rangés. Lorsque l'on est à l'extrémité de la feuille à droite, on arrête le fil à la trace, puis on le rejette au même point d'où l'on était parti; et, revenant encore de gauche à droite, on fait des points sur ce même fil, mais en faisant toujours rentrer l'aiguille à chaque point entre les points de la première rangée. Quand on est arrivé au bout de la seconde, on rejette le fil de gauche à droite, pour recommencer la même manœuvre jusqu'à ce que la fleur soit remplie.

Le champ est de bride ou de réseau. Ce dernier ne présente que des mailles simples comme celles du filet le plus fort et le plus serré. Pour le faire, on commence par jeter un fil de champ ; si le fil est comme la chaîne de l'ouvrage, on l'attache de part et d'autre à la trace, et on le recouvre d'un autre qui achève de former les mailles. On fait souvent ce réseau avant de faire le fond ou toilé. Quant à la bride, c'est une figure à six pans ; elle est toujours marquée sur les dessins. Avant de la commencer, on la pique dans toute l'étendue du champ, mais seulement à l'angle de chaque hexagone ; on attache son fil au bord d'une fleur à gauche ; on passe l'aiguillée dans la lisière, puis, mettant une épingle dans le trou formé à l'angle supérieur de la bride, on passe le fil autour, et l'on suit ainsi jusqu'à la première fleur à droite, où l'on arrête son fil, qui forme alors une rangée en zig-zag. On revient sur cette rangée en repassant les épingles, et l'on réunit avec l'aiguille les parties du fil qui forment le zig-zag ; on passe le fil à chaque rangée dans les joints de celle qui le précède. Quand la figure de la bride est ainsi terminée, on recouvre le tout d'un point noué fait avec du fil très-fin, au nombre de sept à huit, très-serrés sur chaque pan de la bride : le réseau est plus agréable et plus séduisant ; la bride est infiniment plus solide et plus durable.

On donne le nom de *mode* aux points de fantaisie qui s'exécutent ensuite aux places réservées à cette intention. Chaque fleur est entourée d'un relief appelé *brode*, travail par lequel on finit. C'est encore une sorte de point noué qui dessine les contours et donne au point d'Alençon le saillant et la richesse par lesquels il est en si grande faveur. On embrasse pour chaque point deux fils plats qui doivent s'at-tacher à chaque tige. Mais ce brode ou cordonnet, communément trop gros pour le champ de point, nuit à sa solidité, et c'est ainsi que périt presque toujours ce beau travail.

Le point d'Alençon passe par les mains de quinze à dix-huit ouvrières, selon l'espèce de travail ; sa-voir : le *dessin*, la *piqûre*, le *tracé*, la *bride*, la *cou-chure*, la *bouclure*, le *réseau*, le *remplis*, le *fond*, les *modes*, les *points-gaze*, le *mignon*, la *brode*, les *pi-cots*, le *levage*, l'*assemblage*, le *regalage*, l'*affi-gnage*, et beaucoup d'autres, suivant le goût des fabricants. Ce point exige trois à quatre mois de fabrication ; il a occupé à Alençon près de trois mille ouvrières, qui gagnaient de 75 centimes à 1 fr. par jour, et employaient des fils de 100 jusqu'au prix excessif de 1,800 fr.

Le plus ou moins de finesse des fils et la largeur des dentelles ne sont pas les seules différences entre elles. La nature du fond, la manière dont elles sont travaillées, les points et les dessins, établissent d'autres distinctions qu'on exprime par des déno-minations constantes. Ainsi, indépendamment des fines et des communes, des moyennes et des serrées, que l'on trouve dans tous les genres, on distingue le *réseau*, la *bride*, la *grande fleur* et la *petite fleur*. D'autres sont désignées par le nom du lieu où elles se fabriquent avec le plus de succès. Mais, générale-ment, le travail du fil à dentelle fait plus que dé-cupler sa valeur.

Les *blondes*, dont il nous reste à parler, se tra-vaillent, comme nous l'avons déjà dit, en soie blan-che ou noire, selon le point de dentelle que l'on adopte pour les faire. On choisit de préférence le point de Bruxelles ou le trou carré d'Alençon, avec des fuseaux. Les blondes, d'après les caprices de la mode, sont toujours à dents remplies d'une feuille épaisse; parfois, cependant, cette feuille est moitié épaisse, moitié à jour, et surmontée de petits œillets qui se font à peu près comme le trou, puisqu'on les garnit intérieurement d'un picot : au reste, cette mode s'applique à beaucoup de tulles de fil.

Les *tulles*, dont il nous reste à dire un mot, se divisent en *tulle à dents* et *tulle d'entre deux;* presque tous se font en point de Bruxelles. On les exécute à pleins points-d'esprit ou d'œillets, ou unis pour ruches. Souvent les entre-deux ont de grands dessins en guirlandes. Les plus distingués des tulles à dents ont le dessin de blonde. La dent ne change rien à la façon de la couronne ; il suffit, à la pointe de la dent, de resserrer les fils du bord.

Le fait capital des récentes expositions est l'invasion du tulle et la transformation rapide des dentelles de fil en dentelles de coton. L'originalité française a fait place à l'*imitation,* et la France regorge d'imitations d'Angleterre, d'imitations belges, d'imitations et d'*applications* de tous genres, et même d'*imitations françaises*. La consommation change de route, les fabricants suivent ses traces et cherchent à sauver les intérêts du travail. Quelque supériorité que les belles dentelles de fil aient sur les dentelles de coton, si les valenciennes et les points d'Alençon, qui reparaissent heureusement (1), venaient à disparaître, on serait bien forcé de se refugier dans la production du tulle, et s'applaudir d'avoir trouvé un asile pour nos ouvrières déshéritées.

Telle est, en effet, la tendance générale des choses, en dépit des efforts habiles et persévérants de nos fabricants de dentelles. Grâce aux progrès de la

(1) Rapport du jury central sur les produits de l'Exposition et de l'industrie.

filature, les cotons retors sont aujourd'hui si parfaits dans les nuances appropriées, que leur apparence est égale à celle des plus beaux fils de mulquinerie, et qu'ils servent à produire des réseaux d'une perfection égale à celle des plus belles dentelles. L'œil exercé des femmes ne peut les distinguer qu'à l'aide d'une attention minutieuse; l'aspect est absolument le même, et comme il ne s'agit point d'un tissu qui serve de vêtement, la matière importe peu dès que la vue, nous avons presque dit la vanité, est satisfaite.

Si l'on considère, en outre, qu'à l'aide du coton on peut fabriquer, au prix de 10 à 15 fr. le mètre, des tulles assez richement brodés pour remplacer les dentelles de fil de 100 fr. et même de 150 fr. le mètre, on comprendra la vogue désormais assurée des imitations de tout genre, et le remplacement général des fils de mulquinerie, qui coûtent 5,000 fr. le kilogramme, par les retors de coton, beaucoup plus aisés d'ailleurs à travailler. Les fils de coton ont fait invasion partout, même dans les dentelles jusqu'à ce jour les plus intègres, telles que le point d'Alençon et les belles valenciennes.

En France, la fabrication des tulles s'élève aujourd'hui à plus de 10 millions de francs, c'est-à-dire à plus du triple de celle des dentelles.

CHAPITRE III.

DES DIFFÉRENTES DENTELLES.

La Belgique livre au commerce les trois quarts de la dentelle qu'il consomme ; du quart restant, la France fournit la moitié, la Saxe et l'Espagne complètent l'autre.

Voici maintenant la classification des différentes manufactures :

Au point de vue commercial, les dentelles se classent entre elles par rapport au plus ou moins de finesse des fils, à la nature du fond, à la manière plus ou moins propre dont elles sont travaillées. Ainsi, il y en a de serrées, de lâches, de communes, de fines ; d'autres tirent leur nom du genre de dessin de ces tissus, tels que les grandes fleurs, les petites fleurs, le réseau ; en troisième lieu, on désigne les dentelles par le nom des localités où elles se fabriquent.

On peut les ranger en cinq grandes classifications :

1º Point de Bruxelles ou d'Angleterre : c'est la plus belle de toutes les dentelles ;

Viennent après :

2º Dentelle de Malines ;

3º Point d'Alençon ;

4º Dentelle de Valenciennes ;

5º Dentelle de Lille.

Le *point de Bruxelles* est improprement appelé *point d'Angleterre,* car jamais il n'a été fabriqué au-delà de la Manche. Voici l'origine de cette inexacte dénomination :

Au XVIIᵉ siècle, à l'instar de la France, le Parlement anglais prohiba l'importation des dentelles étrangères, et fit en même temps embaucher des ouvrières des Pays-Bas pour naturaliser leur industrie en Angleterre. Mais les produits que donnèrent ces tentatives furent d'une grossièreté telle, qu'on y renonça bientôt. Mus par l'exagération du sentiment de la nationalité, les négociants de Londres vinrent alors acheter à Bruxelles des dentelles qu'ils revendirent dans leurs comptoirs de la Cité, sous le pseudonyme de *point d'Angleterre ;* de là la confusion qui s'est transmise jusqu'à nous.

On distingue le *point d'Angleterre* ou *de Bruxelles* et l'*application de Bruxelles* ou *d'Angleterre.* La broderie est la même dans les deux produits, le fond seul diffère. Dans le *point,* il est fabriqué à la main et en fil très-délié ; dans l'*application,* le fond est fourni par les machines.

Point ou *application,* le réseau se fait d'un côté et les fleurs de l'autre.

La robe de mariage de la duchesse de Berry était de point d'Angleterre.

Le *point de Venise* diffère du point de Bruxelles en ce que le fond et la broderie sont faits à l'aiguille.

La dentelle de Malines se fabrique d'une seule

pièce, au fuseau ; le fil qui borde le contour extérieur des fleurs et qui en dessine les formes donne à cette dentelle l'apparence d'une broderie. Bien que son prix soit de moitié moindre que celui du Bruxelles, elle est la dentelle privilégiée du luxe.

La robe de mariage de la reine Victoria avait des volants en point de Malines.

Le point d'Alençon, à l'encontre des dentelles dont nous venons de parler, est d'origine toute française, et certes, ce produit indigène suffirait seul à illustrer la mémoire de Colbert qui en encouragea l'industrie après l'avoir fondée, comme nous l'avons dit, au commencement du dix-huitième siècle.

Fabriqué à l'aiguille, d'une délicatesse de fond infinie, d'un éclat et d'une variété de dessins incroyables, le point d'Alençon obtint vite la vogue ; malheureusement son prix élevé ne le rend accessible qu'aux grandes fortunes. Ce prix excède celui du point d'Angleterre.

La robe de mariage de madame la duchesse d'Orléans était de point d'Alençon ; elle coûtait trente mille francs.

La valenciennes est aussi d'origine indigène, mais comme les protestants du siècle de Louis XIV elle a été forcé d'émigrer, non pas devant la révocation de l'Edit de Nantes, mais à la suite des guerres qui ensanglantèrent tant de fois les remparts de Valenciennes. Aujourd'hui la dentelle de ce nom se fabrique surtout à Ypres, à Bruges, à Courtrai.

Plus serrée, plus solide que ses rivales, la valenciennes jouit d'une extrême popularité ; elle époussète les bottines de la femme élégante et arrondit son gracieux réseau autour du cou blanc de la pimpante grisette, c'est l'angleterre de la mansarde et l'alençon de l'atelier.

Moins coquette que la malines, la valenciennes par la régularité de ses dessins rappelle les traditions anciennes de la dentelle ; elle se fait comme elle au fuseau, d'une seule fois, fond et broderie, tantôt à maille ronde, tantôt à maille carrée.

Qu'on ne croie pas cependant, d'après les lignes qui précèdent, que la valenciennes soit une dentelle à bon marché, ce qui aux yeux de bien du monde, lui retirerait de sa valeur; non, la valenciennes est chère, plus chère même que la malines, mais la solidité de sa fabrication lui assure une durée telle, que les vraies ménagères trouvent de l'économie à l'employer.

La dentelle de Lille offre une analogie frappante avec le point de malines; c'est à Lille que se fabrique la meilleure.

CHAPITRE IV.

DE L'UTILITÉ DE LA DENTELLE.

En face du titre de ce chapitre, je vois l'économiste sévère froncer le sourcil à la façon du Jupiter Olympien, et je l'entends maugréer contre le barbouilleur de papier qui proclame l'utilité de la dentelle.

Pourquoi pas ?

Je confesse, si l'on y tient, que ces merveilleuses broderies rentrent dans la catégorie du superflu, mais où a-t-on vu que le superflu n'était pas utile, je dirai plus, nécessaire ?

Au compte de ces critiques, un sarreau quelconque de toile, l'été, et de bure, l'hiver, suffirait à nous défendre de la chaleur et du froid ; du pain, quelques viandes grossièrement apprêtées, des légumes et de l'eau constitueraient notre alimentation... Hélas ! hélas ! hélas !

Adieu les charmantes fantaisies de la mode qui vous font plus belles, mesdames, et nous rendent un peu moins laids ; adieu ces recherches gastronomiques qui nous rapprochent dans un sentiment

commun de bien-être et de jouissance satisfaite !
L'isolement, l'ennui, la ruine, tel serait notre lot.

Oui la ruine, car le luxe fait la richesse des états,
et si ce n'était un thème bien grave à introduire
dans l'humble place que notre ambition occupe,
nous prouverions aisément que notre affirmation
est non un paradoxe, mais une vérité.

Non, nous n'abuserons pas de nos avantages dans
cette discussion où nous vous avons pour auxi-
liaires, n'est-ce pas, mesdames, et si quelque mari
renfrogné se montre insensible au magnétisme
qu'exercent sur vous ces charmants tissus si fine-
ment ouvrés qu'on les dirait tombés de la main
des fées, veuillez, mesdames, leur donner à médi-
ter ce chapitre que nous ferons d'ailleurs aussi
court que possible.

La dentelle s'associe à nos joies dans les cir-
constances les plus solennelles de notre vie.

Elle s'enroule autour du nouveau-né dont l'église
va faire un chrétien, en lavant avec l'eau du baptême sa souillure originelle.

Quand le sacrement de la communion convie les
jeunes filles aux délices de la sainte Table, elle
orne les chevelures blondes et brunes des vierges
qui vont recevoir le corps et le sang de Jésus-Christ.

La fiancée qui marche à l'autel abrite sous son
léger réseau sa pudique rougeur, et la jeune mère
qui serre pour la première fois dans ses bras son
premier né, voit ses broderies encadrer son visage
pâli par les souffrances.

La dentelle n'est absente qu'aux jours de deuil;
habituée aux sourires, elle s'effraie des larmes et
refuse ses capricieuses arabesques aux crêpes lugu-
bres dont s'enveloppent la veuve et l'orpheline. Ce
qu'il lui faut, c'est le visage épanoui par la joie,
c'est l'atmosphère rayonnante des fêtes, c'est l'en-
nivrant tourbillon du bonheur. Vainement on a
voulu la teindre en noir, elle n'en est pas devenue

plus sombre ; voyez plutôt les sourires perlés et les clairs regards qui luisent sous l'indiscret abri des mantilles espagnoles.

Aussi bienvenue soit la dentelle en la maison, sa féerique frondaison annonce le bonheur, et quand la mère la transmet à sa fille, c'est l'histoire de ses jours heureux qu'elle lui raconte, car chaque fleur de ce bouquet rappelle un baptême, un mariage, une douce solennité enfin... Ayez donc beaucoup de dentelles, mesdames, afin que vos filles envient votre sort et s'en fassent un aussi doux.

Messieurs vos maris ne sauraient nier maintenant l'utilité de ces tissus délicats; notre tâche est accomplie.

CHAPITRE V.

DE L'INDUSTRIE DE LA DENTELLE

AU POINT DE VUE DES CLASSES PAUVRES.

Nous commencerons ce chapitre comme nous avons terminé le précédent, mesdames.

Achetez beaucoup de dentelles, achetez-en aujourd'hui, demain et toujours.

Sans doute on vous taxera de prodigalité, mais, croyez-nous, sainte prodigalité que celle qui nourrit et moralise, donnant à la fois le pain du corps et le pain de l'âme.

Achetez beaucoup de dentelles, achetez-en aujourd'hui, demain et toujours.

Nous osons vous le recommander encore au point de vue de l'esprit de corps.

Peut-être ne nous comprenez-vous pas bien; nous nous expliquons.

L'industrie dentelière est une de celles qui sont le partage exclusif des femmes; la mécanique, cette grande envahisseuse qui, semblable à l'ogre des contes de fées, a des bottes de sept lieues, — il serait plus légal de dire vingt-huit kilomètres, — et

fait main basse sur tout, s'est cependant vue for-
cée de respecter la dentelle.

Le léger fil de lin se brisait sous l'implacable
étreinte de l'engrenage, et la quinte convulsive du
piston déchirait les délicates fleurettes du tissu. Ce
qu'il faut à cette fabrication, c'est la dextérité mi-
gnonne de la femme, c'est son admirable patience,
c'est encore et surtout ce goût exquis qui se ren-
contre instinctivement chez elle et au plus haut
degré. C'est qu'en effet, si une industrie veut de la
grâce, c'est la dentelle. Cette condition indispen-
sable nous explique comment elle n'a jamais pu
s'épanouir de l'autre côté de la Manche, l'Angleterre étant un pays où la grâce est tout ce qu'il y a
de plus exotique.

En voulez-vous une preuve!

Regardez marcher un Anglaise.

Voyez-la saluer.

Examinez-la s'asseoir.

Or, puisqu'à la femme est spécialement réservée
la fabrication de la dentelle, avions-nous tort d'en
faire pour vous, mesdames, une question de parti,
comme disent messieurs vos maris dans les assem-
blées politiques?

Si vous traversiez le soir un des faubourgs de la
Flandre ou de la Normandie, vous auriez plaisir à
contempler la scène animée qu'offrent les dentelliè-
res assises devant leur porte. La mère et les filles,
la femme et les sœurs promènent d'un doigt agile
le fil autour des fuseaux; elles sont là libres, heu-
reuses, gardées par le travail de toute mauvaise
pensée; aussi, consultez leurs visages, vous n'y
trouverez que le bien-être et la placidité. Plus heu-
reuses que les autres ouvrières, elles ne sont pas
condamnées au *carcere-duro* de la fabrique, où s'é-
tiolent dans nos villes du Centre les filles et les
femmes de la classe pauvre.

Avez-vous jamais vu, mesdames, vous qui habitez une cité industrielle, les *mécaniciennes* sortir après une journée de travail, étiolées, pâles, exténuées, se traînant péniblement et demandant à l'eau-de-vie de réparer leurs forces dépensées outre-mesure dans un labeur absorbant et sous l'influence d'une atmosphère viciée? Alors vous apprécierez la sérénité de la dentelière qui travaille à sa fantaisie, à l'ombre ou au soleil, sous l'œil de Dieu, se délassant de ses fatigues en donnant des conseils à ses enfants, qui sont ses apprenties, et gagnant ainsi la fin de la journée, qui a passé comme un songe.

Pénétrée de l'immense avantage qui résulte pour la femme de ne pas s'éloigner du foyer domestique, la Belgique a ouvert dans les villes, et même dans les campagnes, des écoles publiques dans lesquelles on enseigne l'industrie dentelière aux enfants. A cinq ans, une petite fille peut être admise dans ces écoles, moyennant une rétribution de 2 fr. par mois, rétribution qui ne tarde pas à être couverte par le travail de l'enfant. A dix ans, une ouvrière gagne en moyenne 50 cent. par jour. C'est plus qu'il ne faut, on le voit, pour subvenir à son entretien. Les élèves sortent de l'école à dix-huit ans, et cherchent au dehors leur salaire, qui varie de 1 fr. à 2 fr. 50, somme énorme, si l'on songe au bas prix des objets de première nécessité en Belgique.

Il serait à désirer que de pareils établissements fussent institués par le gouvernement dans celles de nos provinces où l'on fabrique la dentelle, comme par exemple, la Flandre, la Normandie, l'Auvergne et la Lorraine.

Mais, en attendant que les exigences du pouvoir permettent à nos gouvernants de s'occuper de pareilles institutions, encouragez cette industrie, mesdames; songez aux pauvres filles qui vous font ces charmantes broderies, sans jamais s'en parer elles-mêmes; semblables à la princesse enchantée des contes de fées, à la pauvre Peau-d'Ane. Un peu de bien-être ne leur est-il pas dû en échange de tant d'abnégation ?

Faites-vous bien belles, vous serez bien bonnes ; si votre mari vous accuse de coquetterie, vous lui répondrez que vous suivez l'Evangile, car

On est admis dans son empire,
Pourvu qu'on ait séché des pleurs,
Sous la couronne du martyre,
Ou sous des couronnes de fleurs.

FIN.

TABLE.

—

59?

www.ingramcontent.com/pod-product-compliance
Lightning Source LLC
LaVergne TN
LVHW020056090426
835510LV00040B/1697